CW01023972

Impressum
Verlag: BABADADA GmbH, Nedderfeld 112 , 22529 Hamburg
Geschäftsführer / Verlagsleitung: Harald Hof
Druck: Books on Demand GmbH, In de Tarpen 42, 22848 Norderstedt

Imprint
Publisher: BABADADA GmbH, Nedderfeld 112 , 22529 Hamburg, Germany
Managing Director / Publishing direction: Harald Hof
Print: Books on Demand GmbH, In de Tarpen 42, 22848 Norderstedt, Germany

sef
het klaslokaal

parkirin
delen

186/2

texte
het bord

mamoste
de leraar

hewşa dibistanê
het schoolplein

kaxez
het papier

nivîsandin
schrijven

pênivîsk
de pen

mase
het bureau

rastek
de lineaal

pirtûk
het boek

xwendeka
de leerlin

çewal

de schooltas

qûtî nivîstok

de etui

qelemrisas

het potlood

nivîstok tûjkir

de puntenslijper

jêbir

de gum

ferhenga dîtbarî

het beeldwoordenboek

nivîska nîgarê

het schetsblok

nîgar

de tekening

firçeya rengê

de kwast

qûtî reng

de verfdoos

meqes

de schaar

lezaq

de lijm

pirtûka fêrbûn

het schrift

wezîfa malê

het huiswerk

hejmar

het getal

zêdekirin

optellen

derxistin

aftrekken

zêdekirin

vermenigvuldigen

hesibandin

rekenen

tîp

de letter

alfabe

het alfabet

peyv
het woord

nivîsê
de tekst

xwandin
lezen

geç
het krijt

ders
het uur

qeydkirin
het klassenboek

îmtîhan
het examen

şehade
het diploma

kinca dibistanê
het schooluniform

perwerdehî
de opleiding

zanistname
de encyclopedie

zanîngeh
de universiteit

mîkroskûp
de microscoop

xerîte
de kaart

sepeta kaxezê
de prullenmand

mêvanxane
het hotel

mêvanxane
het hostel

ofîsa pere veguhartinê
het wisselkantoor

cente
de koffer

maşîn
de auto

ziman

de taal

belê / na

ja / nee

baş

oké

silav

Hallo!

wergêra nivîskî

de tolk

sipas

Bedankt.

bihayê ... çi qase?

Wat kost ...?

ez fam nakim

Ik begrijp het niet.

pirsgirêk

het probleem

êvarbaş!

Goedenavond!

beyanî baş!

Goedemorgen!

şev baş!

Goedenacht!

xatirê te

Tot ziens!

alî

de richting

hûrmûr

de bagage

çente

de tas

çente pişt

de rugzak

mêvan

de gast

ode

de kamer

came xew

de slaapzak

çadir

de tent

agagiyên gerokan

het VVV-kantoor

rexê avê

het strand

kartê qerzê

de creditkaart

taştê

het ontbijt

firavîn

de lunch

şîv

het diner

kart

het kaartje

asansor

de lift

pûl

de postzegel

tixûb

de grens

gumirk

de douane

balyozxane

de ambassade

vîza

het visum

pasaport

het paspoort

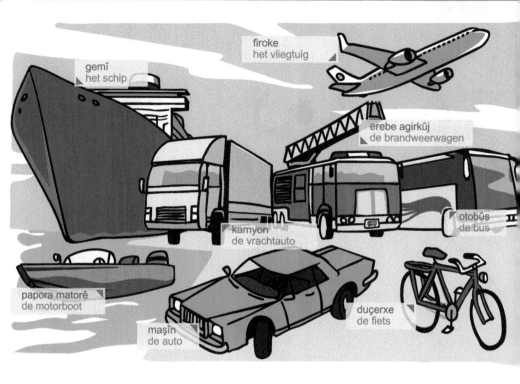

firoke
het vliegtuig

gemî
het schip

erebe agirkûj
de brandweerwagen

otobûs
de bus

kamyon
de vrachtauto

papora matorê
de motorboot

duçerxe
de fiets

maşîn
de auto

papor

de veerboot

papor

de boot

motorsîklêt

de motorfiets

trimbêla polîsê

de politiewagen

trimbêla pêşbaziyê

de raceauto

erebe kirêkirinê

de huurauto

maşîn pervekirin

de carsharing

kamyona kişandinê

de takelwagen

kamyona xwelî

de vuilniswagen

motorsîklêt

de motor

mazot

de benzine

îstegeha benzînê

de benzinepomp

tabloya tirafîkê

het verkeersbord

hatinûçûn

het verkeer

tirafîk

de file

cihê parkê

de parkeerplaats

rawesteka trênê

het station

rêç

de rails

trên

de trein

trênê kolanê

de tram

erebe

de wagon

babirok

de helikopter

balafirgeh

de luchthaven

birc

de toren

misafir

de passagier

qûtî

de container

qûtî

de verhuisdoos

girgirok

de kar

selik

de mand

rabûn / nîştin

starten / landen

bajar
de stad

gund

het dorp

navenda bajarê

het stadscentrum

xanî

het huis

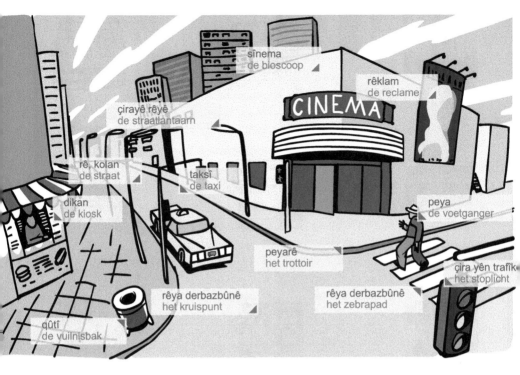

sînema
de bloscoop

rêklam
de reclame

çirayê rêyê
de straatlantaarn

rê, kolan
de straat

taksî
de taxi

dikan
de kiosk

peya
de voetganger

peyarê
het trottoir

çira yên trafîk
het stoplicht

rêya derbazbûnê
het kruispunt

rêya derbazbûnê
het zebrapad

qûtî
de vuilnisbak

kox

de hut

xanî

het appartement

rawesteka trênê

het station

telara şarevanî

het stadhuis

mûzexane

het museum

dibistan

de school

zanîngeh

de universiteit

bank

de bank

nexweşxane

het ziekenhuis

mêvanxane

het hotel

dermanxane

de apotheek

ofîs

het kantoor

kitêbfiroşî

de boekenwinkel

dikan

de winkel

gulfiroş

de bloemenwinkel

bazar

de supermarkt

bazar

de markt

supermarket

het warenhuis

masîfiroş

de visboer

navenda kirrîn

het winkelcentrum

bender

de haven

park
....
het park

sekû
....
de bank

pir
....
de brug

derince
....
de trap

jêr erdê
....
de metro

tunnel
....
de tunnel

îstgeha otobûs
....
de bushalte

bar
....
de bar

xwaringeh
....
het restaurant

sindûqa postê
....
de brievenbus

nîşanderka rêyê
....
het straatnaambord

metra parkîngê
....
de parkeermeter

baxça heywanan
....
de dierentuin

hewza melevanî
....
het zwembad

mizgeft
....
de moskee

cotgeh
de boerderij

lewitandina derdor
de vervuiling

goristan
de begraafplaats

kenîse
de kerk

erdê leyistinê
de speelplaats

perestgeh
de tempel

tebîet
het landschap

gela
het blad

nîşanderka rê
de wegwijzer

rê
de weg

mêrg
de weide

kevir
de steen

dar
de boom

gerok
de wandelaar

çem
de rivier

giya
het gras

kulîlk
de bloem

dol

de vallei

gir

de berg

gol

het meer

daristan

het bos

beyaban

de woestijn

volkan

de vulkaan

keleh

het kasteel

keskesor

de regenboog

kivark

de paddenstoel

darqesp

de palmboom

mixmixk

de mug

mêş

de vlieg

mêrî

de mier

hing

de bij

pîrê

de spin

kêzik

de kever

beq

de kikker

sihor

de eekhoorn

jîjok

de egel

kerguh

de haas

pepûk

de uil

çivîk

de vogel

qû

de zwaan

berazê kovî

het wild zwijn

pezkovî

het hert

pezkovî

de eland

bendav

de dam

tûrbîna ba

de windmolen

panela xorê

het zonnepaneel

av û hewa

het klimaat

berkar
de ober

pêşek
het menu

kursî
de stoel

şorbe
de soep

pîza
de pizza

çetel û çemçik
het bestek

sifre
het tafelkleed

xwarina destpêk

het voorgerecht

xwarina serekî

het hoofdgerecht

şêranî

het toetje

vexwarinan

de dranken

xwarin

het eten

cam

de fles

xwarina lez

de/het fastfood

xwarina rêyê

het eetkraampje

çaydanik

de theepot

qûtî şekirê

de suikerpot

beş

de portie

mekîna çêkirinê espresso

de espressomachine

kursiya bilînd

de kinderstoel

hesab

de rekening

sênî

het dienblad

kêr

het mes

çetel

de vork

kevçî

de lepel

kevçiya çay

de theelepel

pêşgir

het servet

qedeh

het glas

teyfik

het bord

teyfika şorbe

het soepbord

piyale

de schotel

çênc

de saus

xwêdank

het zoutvaatje

qûtî bîbar

de pepermolen

sêk

de azijn

rûn

de olie

biharat

de kruiden

ketçap

de ketchup

mustard

de mosterd

mayonêz

de mayonaise

bazar

de supermarkt

- pêşkêşên taybet / de aanbieding
- mişterî / de klant
- şîremenî / de zuivelproducten
- erebe / de winkelwagen
- fêkî / het fruit

qesabî

de slager

dikana nanpêj

de bakkerij

wezin kirin

wegen

sebze

de groente

goşt

het vlees

xwarinê cemedî

de diepvriesproducten

goştê sar

de vleeswaren

xwarina pîlê

het blikvoedsel

xubarê paqijkirinê

het wasmiddel

şirînî

het snoepgoed

berhemên navxweyî

de huishoudelijke artikelen

berhemên paqijkirinê

het schoonmaakmiddel

firoşyar

de verkoopster

xeznok

de kassa

diravgir

de kassier

lîsta kirrînê

het boodschappenlijstje

demên vekirî

de openingstijden

cizdan

de portemonnee

kartê qerzê

de creditkaart

çewal

de tas

çente

de plastic zak

av

het water

şerbet

het sap

şîr

de melk

komir

de cola

şerab

de wijn

bîra

het bier

alkol

de alcohol

kakwo

de chocolademelk

çay

de thee

qehwe

de koffie

espresso

de espresso

kapoçîno

de cappuccino

moz

de banaan

sêv

de appel

pirteqalî

de sinaasappel

gundor

de meloen

lîmon

de citroen

gêzer

de wortel

sîr

de knoflook

qamir

de bamboe

pîvaz

de ui

qarçik

de paddenstoel

gewîz

de noten

şihîre

de pasta

spagêttî

de spaghetti

birinc

de rijst

selete

de salade

çîps

de friet

peteteya biraştî

de gebakken aardappelen

pîza

de pizza

hamburger

de hamburger

nanok

de sandwich

goştê stûyê berxî

de schnitzel

goştê hişkkirî

de ham

salamê

de salami

sosîs

de worst

mirîşk

de kip

bijartin

braden

masî

de vis

şorbe bilûl

de havermout

mûslî

de muesli

kertên gilgilan

de cornflakes

ard

het meel

croissant

de croissant

semûn

de broodjes

nan

het brood

tost

de toast

nanik

de koekjes

nivîşk

de boter

mast

de kwark

kulîçe

de taart

hêk

het ei

hêka qelandî

het gebakken ei

penîr

de kaas

dondirme

het ijs

şekir

de suiker

hingiv

de honing

mireba

de jam

xameya nougat

de chocoladepasta

kurrî

de kerrie

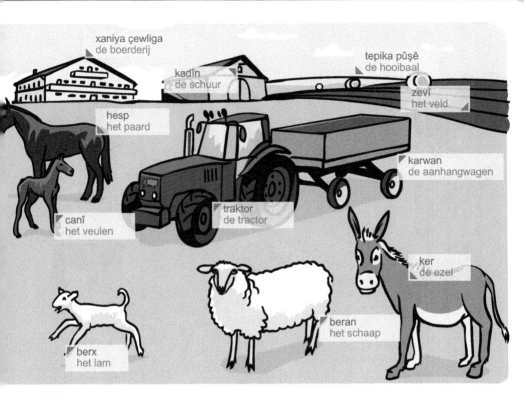

xaniya çewliga
de boerderij

kadîn
de schuur

tepika pûşê
de hooibaal

zevî
het veld

hesp
het paard

karwan
de aanhangwagen

canî
het veulen

traktor
de tractor

ker
de ezel

beran
het schaap

berx
het lam

bizin
de geit

çêlek
de koe

golik
het kalf

beraz
het varken

xinzîrk
de big

boxe
de stier

qaz

de gans

miravî

de eend

cûçik

het kuiken

mirîşk

de kip

keleşêr

de haan

circ

de rat

kitik

de kat

mişk

de muis

ga

de os

kûçik

de hond

xaniya kûçikê

het hondenhok

xanî baxê

de tuinslang

qûtîka avdanê

de gieter

şalûk

de zeis

gasin

de ploeg

das
de sikkel

merbêr
de schoffel

darsapik
de hooivork

bivir
de bijl

destgere
de kruiwagen

qûtî xwarina candaran
de trog

qûtî şîr
de melkbus

tûr
de zak

çeper
het hek

axur
de stal

xana kulîlkan
de broeikas

ax
de grond

dendik
het zaad

peyn
de mest

kombayn
de maaidorser

zad

oogsten

zad

de oogst

petete

de yam

genim

de tarwe

fasolî

de soja

petete

de aardappel

dexl

de maïs

dindik

het koolzaad

darê fêkî

de fruitboom

sêvê bin erdê

de maniok

zad

de granen

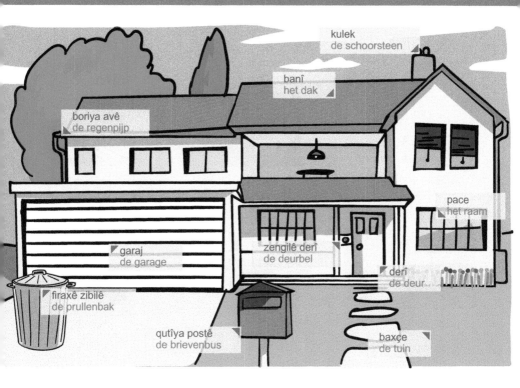

kulek
de schoorsteen

banî
het dak

boriya avê
de regenpijp

pace
het raam

garaj
de garage

zengilê derî
de deurbel

derî
de deur

firaxê zibilê
de prullenbak

qutîya poste
de brievenbus

baxçe
de tuin

oda rûniştinê

de woonkamer

hemam

de badkamer

metbex

de keuken

oda xewê

de slaapkamer

odeya zarok

de kinderkamer

oda şîvê

de eetkamer

binî
de grond

dîwar
de muur

berban
het plafond

xenzik
de kelder

sauna
de sauna

balkon
het balkon

berdanik
het terras

hewza melevanî
het zwembad

çîmen birr
de grasmaaier

melhefe
het laken

betanî
de bedsprei

nivîn
het bed

gezik
de bezem

satil
de emmer

kilîl
de schakelaar

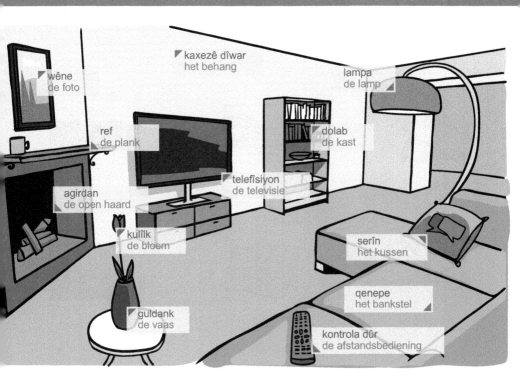

wêne
de foto

kaxezê dîwar
het behang

lampa
de lamp

ref
de plank

dolab
de kast

agirdan
de open haard

telefîsiyon
de televisie

kulîlk
de bloem

serîn
het kussen

qenepe
het bankstel

guldank
de vaas

kontrola dûr
de afstandsbediening

xalîçe

het tapijt

perde

het gordijn

mêz

de tafel

kursî

de stoel

kursiya hejanok

de schommelstoel

kursî

de stoel

pirtûk

het boek

betanî

de deken

xemilandin

de decoratie

êzing

het brandhout

fîlm

de film

hi-fi

de stereo-installatie

kilîl

de sleutel

rojname

de krant

nîgar

het schilderij

poster

de poster

radyo

de radio

defter

het kladblok

sivnika elektrîkî

de stofzuiger

kaktûs

de cactus

mom

de kaars

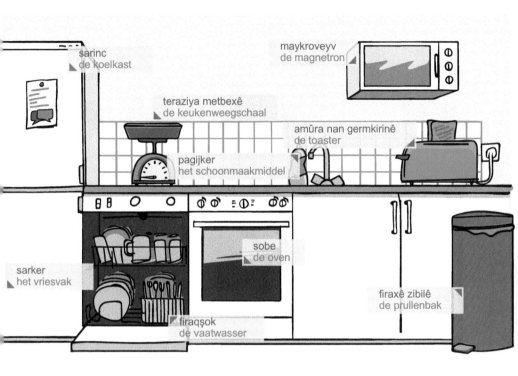

sarinc
de koelkast

maykroveyv
de magnetron

teraziya metbexê
de keukenweegschaal

amûra nan germkirinê
de toaster

pagijker
het schoonmaakmiddel

sobe
de oven

sarker
het vriesvak

firaxê zibilê
de prullenbak

firaqşok
de vaatwasser

sobe
....
het fornuis

aman
....
de pan

amaê ûtû
....
de gietijzeren pan

firaqê mezin
....
de wok / kadai

dîzik
....
de koekenpan

kelînk
....
de ketel

firaqê hilmê

de stoomkoker

sênî nanê

de bakplaat

firaq

het servies

piyale

de beker

kasik

de kom

darê nanxwarin

de eetstokjes

hesk

de soeplepel

kevçiya mezin

de spatel

rînek

de garde

kefgîr

het vergiet

bêjing

de zeef

rêşker

de rasp

destar

de mortel

biraştin

de barbecue

agirê vala

de vuurhaard

texteya birrînê

de snijplank

darikê tîrê

de deegroller

devik badek

de kurkentrekker

qûtî

het blik

qûtîvekir

de blikopener

cawê amanan

de pannenlap

destşo

de wasbak

firçe

de borstel

parazoa

de spons

tevdêr

de blender

sarkerê cemedî

de vriezer

şûşe bebikan

het babyflesje

henefî

de kraan

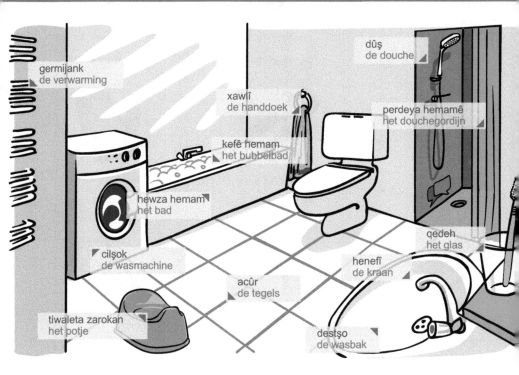

germijank
de verwarming

dûş
de douche

xawlî
de handdoek

perdeya hemamê
het douchegordijn

kefê hemam
het bubbelbad

hewza hemam
het bad

qedeh
het glas

cilşok
de wasmachine

henefî
de kraan

acûr
de tegels

tiwaleta zarokan
het potje

destşo
de wasbak

tiwalet
het toilet

tiwaleta erdê
het hurktoilet

tiwalet
de/het bidet

avdestxana mêran
het urinoir

kaxeza tiwalet
het toiletpapier

firşeya tiwalet
de toiletborstel

firçeya diran

de tandenborstel

mecûna diran

de tandpasta

nexa didan

het flosdraad

şûştin

wassen

dûşê destê

de handdouche

dûş

de toiletdouche

destşo

de waskom

firça pişt

de rugborstel

sabûn

de zeep

cêlê hemam

de douchegel

şampo

de shampoo

fanîle

het waslapje

zêrab

de afvoer

kirêm

de creme

bêhn xweşkir

de deodorant

mirêk

de spiegel

mirêka destê

de make-upspiegel

gûzan

het scheermes

kefê teraşînê

het scheerschuim

mecûna piştî teraşînê

de aftershave

şeh

de kam

firçe

de borstel

por hîşikkir

de haardroger

sipraya porê

de haarspray

kozmetîk

de make-up

soravk

de lippenstift

rengê nînok

de nagellak

pembû

de watten

meqesta nînok

het nagelschaartje

parfûm

de/het parfum

çewalê hemamê

de toilettas

kursiya bêpişt

de kruk

terazî

de weegschaal

kinca hemamê

de badjas

lepika lastîkê

de schoonmaakhandschoenen

tampon

de tampon

xawliya paqijkirinê

het maandverband

tiwaleta kîmîyewî

het chemisch toilet

de kinderkamer

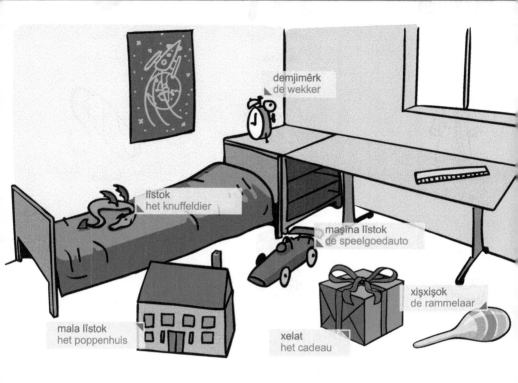

demjimêrk
de wekker

lîstok
het knuffeldier

maşîna lîstok
de speelgoedauto

mala lîstok
het poppenhuis

xelat
het cadeau

xişxişok
de rammelaar

pifdank

de ballon

nivîn

het bed

koçk

de kinderwagen

lîstika kartê

het kaartspel

frîzbî

de puzzel

komîk

het stripverhaal

acûra lêgo

de legostenen

acûra lîstok

de speelgoedblokken

bûke şûşe

het actiefiguurtje

kinca bebikan

de romper

frizbee

de frisbee

veguhestin

de/het mobile

lîstikên texte

het bordspel

mor

de dobbelsteen

modêla trênê

de modeltrein

memik

de speen

cejn

het feestje

kitêba wêne

het prentenboek

top

de bal

bûke şûşe

de pop

leyîstin

spelen

kuna xîzê

de zandbak

colane

de schommel

lîstokan

het speelgoed

lîstika vîdeoyî

de spelcomputer

sêçerxe

de driewieler

hirça lîstok

de teddybeer

cildank

de kleerkast

kinc
de kleding

gore

de sokken

gore

de kousen

derpêgorê

de panty

şal
de sjaal

çetir
de paraplu

kiras
het T-shirt

qayiş
de riem

şekal
de laarzen

pêlavê nav malê
de pantoffels

pêlav
de sportschoenen

solik

de sandalen

sol

de schoenen

potîna çermê

de rubberlaarzen

pantolê jêr

de onderbroek

pêsîrbend

de beha

çekbend

het onderhemd

cendek

de body

pantol

de broek

jeans

de spijkerbroek

daman

de rok

kiras

de blouse

kiras

het overhemd

fanêle

de trui

fanêle

de hoody

cakêt

de blazer

sako

de jas

çaket

de mantel

baranî

de regenjas

lebas

het kostuum

fîstan

de jurk

cilê dawetê

de trouwjurk

kostum

het pak

pêcame

het nachthemd

pêcame

de pyjama

saree

de sari

leçik

de hoofddoek

mêzer

de tulband

hêram

de boerka

kaftan

de kaftan

eba

de abaja

kinca ajnêkirin

het zwempak

cilka melevanî

de zwembroek

şort

de korte broek

cila hêvojkarî

het trainingspak

pêşmal

de/het schort

lepik

de handschoenen

dûgme
de knoop

berçavik
de bril

bazin
de armband

gerdenî
de ketting

gustîl
de ring

guhark
de oorbel

devik
de pet

hilavistek
de kledinghanger

kûm
de hoed

kirawat
de stropdas

zîp
de rits

serparêz
de helm

derzî
de bretels

kinca dibistanê
het schooluniform

yûnîform
het uniform

berdilk

het slabbetje

memik

de speen

pundax

de luier

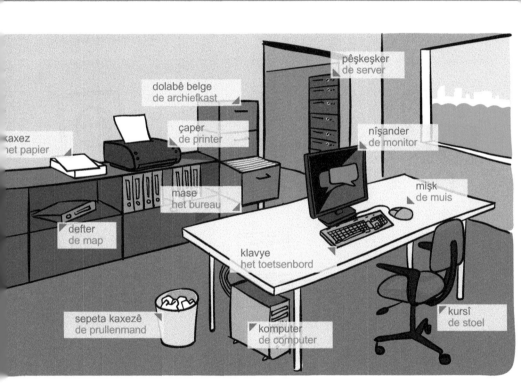

pêşkeşker
de server

dolabê belge
de archiefkast

çaper
de printer

nîşander
de monitor

kaxez
het papier

mişk
de muis

mase
het bureau

defter
de map

klavye
het toetsenbord

sepeta kaxezê
de prullenmand

kursî
de stoel

komputer
de computer

kasika qehwe

de koffiemok

hesabker

de rekenmachine

înternet

het internet

komputera laptop

de laptop

name

de brief

peyam

het bericht

telefona mobîl

de mobiele telefoon

tor

het netwerk

mekîna fotokopî

de kopieermachine

software

de software

telefon

de telefoon

socketa fîşek

het stopcontact

mekîna faxê

de fax

form

het formulier

belge

het document

standin

kopen

pere dan

betalen

bazirganî

handelen

pere

het geld

dollar

de dollar

yoro

de euro

yenê Japonê

de yen

roblê Rûsî

de roebel

firankê Swîsê

de frank

yuanê Çînê

de renminbi yuan

rûpee Hindî

de roepie

mekîna jixwebera dirav

de geldautomaat

ofîsa pere veguhartinê

het wisselkantoor

zêrr

het goud

zîv

het zilver

neft

de olie

wize

de energie

biha

de prijs

peyman

het contract

tax

de belasting

seham

het aandeel

karkirin

werken

karker

de werknemer

karda

de werkgever

fabrîka

de fabriek

dikan

de winkel

baxçevan
de tuinman

necar
de timmerman

dirûnvan
de naaister

hakim
de rechter

şîmyazan
de scheikundige

şanoger
de toneelspeler

şufêrê basê

de buschauffeur

şufêrekî taksiyê

de taxichauffeur

masîvan

de visser

pagijker

de schoonmaakster

çêkirê banî

de dakdekker

berkar

de ober

nêçirvan

de jager

rengrês

de schilder

nanpêj

de bakker

karebavan

de elektricien

avaker

de bouwvakker

endezyar

de ingenieur

qesab

de slager

lûlekar

de loodgieter

postevan

de postbode

esker

de soldaat

mîmar

de architect

diravgir

de kassier

firotkara çîçekan

de bloemist

porçêker

de kapper

ajovan

de conducteur

mekanîk

de monteur

keştîvan

de kapitein

pizîşka didanan

de tandarts

zanistyar

de wetenschapper

rûhan

de rabbi

îmam

de imam

keşe

de monnik

keşîş

de pastoor

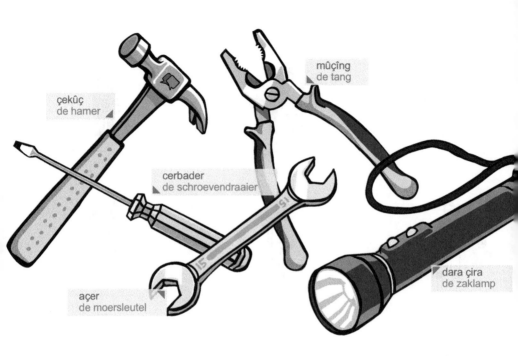

çekûç
de hamer

mûçîng
de tang

cerbader
de schroevendraaier

açer
de moersleutel

dara çira
de zaklamp

şofel

de graafmachine

qûtiya amûran

de gereedschapskist

peyje

de ladder

mişar

de zaag

mîx

de spijkers

qulkirin

de boor

çêkirin
repareren

merbêr
de schep

nalet!
Verdorie!

bêl
het stofblik

qûtiya rengê
de verfpot

cerr
de schroeven

amûrên mûzîkê
de muziekinstrumenten

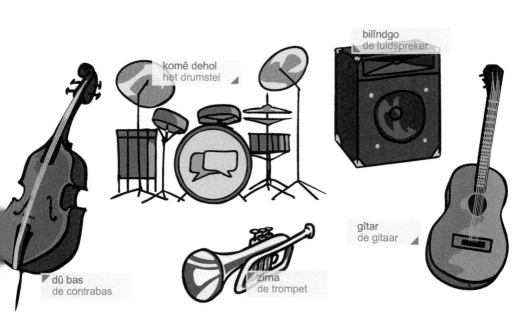

bilîndgo
de luidspreker

komê dehol
het drumstel

gîtar
de gitaar

dû bas
de contrabas

zirna
de trompet

piyano
de piano

viyolîn
de viool

bas
de bas

dehol
de pauk

dahol
de trommel

keyboard
het keyboard

saksofon
de saxofoon

bilûr
de fluit

mîkrofon
de microfoon

navder
de ingang

piling
de tijger

qefes
de kooi

kerê çiya
de zebra

xwarina heywan
het dierenvoer

panda
de panda

heywan
de dieren

fîl
de olifant

kangarû
de kangoeroe

kerkeden
de neushoorn

gorîl
de gorilla

hirç
de beer

hêştir

de kameel

hêştirme

de struisvogel

şêr

de leeuw

meymûn

de aap

flamîngo

de flamingo

papaxan

de papegaai

hirça cemserî

de ijsbeer

penguîn

de pinguïn

semasî

de haai

tawûs

de pauw

mar

de slang

timsah

de krokodil

parêzera baxça ajalan

de dierenverzorger

seya derya

de zeehond

piling

de jaguar

hesp
de pony

piling
de/het luipaard

hespê rûbar
het nijlpaard

canhêştir
de giraffe

helo
de adelaar

berazê kovî
het wild zwijn

masî
de vis

kûsî
de schildpad

walras
de walrus

rovî
de vos

xezal
de gazelle

werziş
de sport

fûtbolê Amerîka
American football

bisiklêtan
wielrennen

tenîs
tennis

baskêtbol
basketbal

avjenîkirin
zwemmen

boxing
boksen

hokeya ser cemedê
ijshockey

fûtbol
voetbal

badminton
badminton

yê atletîzmê
atletiek

hendbol
handbal

befirajotin
skiën

polo
polo

kenîn
lachen

hilpeke
springen

hembêz
knuffelen

birêveçûn
lopen

lawje gutin
zingen

xewn dîtin
dromen

nimêj kirin
bidden

maçkirin
kussen

nivîsandin

schrijven

nîgar kêşan

tekenen

nîşan dan

tonen

paldan

indrukken

dayîn

geven

rakirin

oppakken

heyîn

hebben

kirin

doen

bûn

zijn

sekinîn

staan

bazdan

lopen

kişandin

trekken

avêtin

gooien

ketin

vallen

derew kirin

liggen

sekinîn

wachten

guhêztin

dragen

rûniştin

zitten

cil berkirin

aankleden

razan

slapen

rabûn

wakker worden

mêze kirin

bekijken

girîn

huilen

celte

strelen

şe kirin

kammen

peyvîn

praten

famkirin

begrijpen

pirskirin

vragen

bihîstin

horen

vexwarin

drinken

xwarin

eten

kom kirin

opruimen

hezkirin

houden van

xwarin çêkirin

koken

ajotin

rijden

firrîn

vliegen

kesştîvanî

zeilen

hesibandin

rekenen

xwandin

lezen

hînbûn

leren

karkirin

werken

zewicîn

trouwen

dirûtin

naaien

didan şûtin

tandenpoetsen

kuştin

doden

dûxan

roken

şandin

verzenden

pîr
grootmoeder

bapîr
de grootvader

bav
de vader

dê
de moeder

bebek
de baby

keç
de dochter

kur
de zoon

mêvan

de gast

met

de tante

ap/xal

de oom

bira

de broer

xwişl

de zus

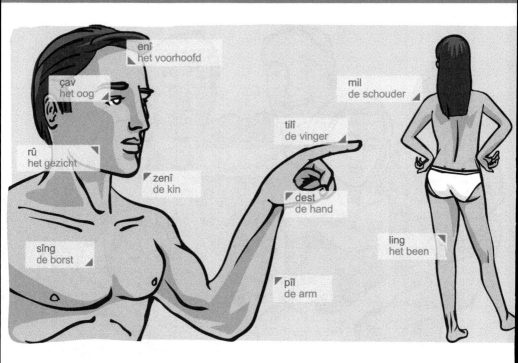

enî
het voorhoofd

çav
het oog

mil
de schouder

tilî
de vinger

rû
het gezicht

zenî
de kin

dest
de hand

sîng
de borst

ling
het been

pîl
de arm

bebek

de baby.

mêr

de man

jin

de vrouw

keç

het meisje

kor

de jongen

ser

het hoofd

pişt
de rug

zik
de buik

navik
de navel

tilîya pê
de teen

panî
de hiel

hestî
het bot

kûlîmek
de heup

jûnî
de knie

enîşk
de elleboog

difn
de neus

qûn
het achterwerk

çerm
de huid

rû
de wang

gûh
het oor

lêv
de lippen

dev
de mond

diran
de tand

ziman
de tong

mêjî
de hersenen

dil
het hart

masûl
de spier

cîgera spî
de long

ceger
de lever

made
de maag

gûrçikan
de nieren

cotbûn
de geslachtsgemeenschap

kondom
het condoom

hêk
de eicel

tov
het sperma

dûcanî
de zwangerschap

ade

de menstruatie

qûz

de vagina

kîr

de penis

birû

de wenkbrauw

por

het haar

hûstû

de hals

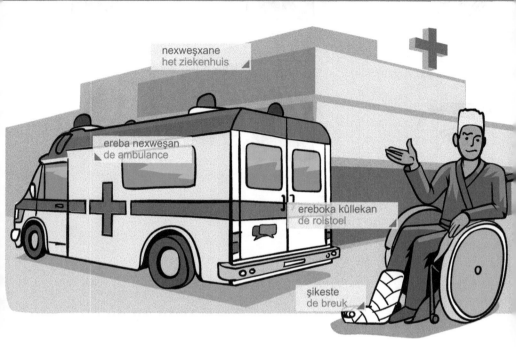

nexweşxane
het ziekenhuis

ereba nexweşan
de ambulance

ereboka kûllekan
de rolstoel

şikeste
de breuk

bijîşk

de dokter

oda lezgînê

de EHBO

nexweşyar

de verpleegster

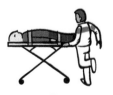

acîlîyet

het noodgeval

bêhay

bewusteloos

êş

de pijn

birîn

de verwonding

xwînpijan

de bloeding

hêrişa dilî

de hartaanval

celte

de beroerte

alerjî

de allergie

kuxik

hoesten

ta

de koorts

zikam

de griep

navçûyin

de diarree

serêş

de hoofdpijn

qansêr

de kanker

nexweşiya şekirê

de diabetes

emelîkar

de chirurg

skalpêl

het scalpel

emelî

de operatie

CT

de CT

sûretê rontgên

de röntgen

ûltrasawnd

de echografie

maskê rûyê

het gezichtsmasker

nexweşî

de ziekte

oda sekinînê

de wachtkamer

goçan

de kruk

şêl

de pleister

paçê birînpêçanê

het verband

derzî

de injectie

bîstoka pizîşkî

de stethoscoop

darbest

de brancard

têhnpîva klînîkê

de thermometer

zayîn

de geboorte

qelew

het overgewicht

alîkariya bihîstinê

het gehoorapparaat

bakterîkuj

het ontsmettingsmiddel

kotîbûn

de infectie

vîrûs

het virus

HIV / AIDS

(de) HIV / AIDS

derman

het medicijn

kutan

de inenting

heban

de tabletten

heb

de pil

lezgîn

het alarmnummer

dîmenderê pesto xwîn

de bloeddrukmeter

nexweş / sax

ziek / gezond

Hewar!

Help!

alarm

het alarm

êrîş

de overval

êrîşkirin

de aanval

talûk

het gevaar

derketina acil

de nooduitgang

agir!

Brand!

agir vemirandinê

de brandblusser

qeza

het ongeluk

aletên alîkariya yekem

de EHBO-koffer

SOS

SOS

polîs

de politie

Ewropa

Europa

Amerîkaya Bakûr

Noord-Amerika

Amerîkaya Başûr

Zuid-Amerika

Afrîka

Afrika

Asya

Azië

Awustralya

Australië

Atlantîk

de Atlantische Oceaan

Okyanûsa Mezin

de Stille Oceaan

Okyanûsa Hindî

de Indische Oceaan

Okyanûsa Antarktîka

de Zuidelijke Oceaan

Okyanûsa Arktîk

de Noordelijke IJszee

Cemsera Bakûr

de Noordpool

Cemsera Başûr
....
de Zuidpool

Antarktîka
....
Antarctica

erd
....
de aarde

ax
....
het land

behir
....
de zee

dûrge
....
het eiland

milllet
....
de natie

welat
....
de staat

rûyê saet

de wijzerplaat

nişanderka demjimêr

de uurwijzer

nişanderka deqe

de minutenwijzer

nişanderka saniye

de secondewijzer

Seet çende?

Hoe laat is het?

roj

de dag

dem

de tijd

niha

nu

saetê dicîtal

het digitaal horloge

deqe

de minuut

seet

het uur

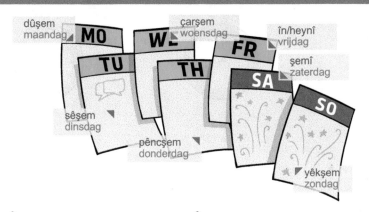

dûşem maandag — MO
çarşem woensdag — WE
în/heynî vrijdag — FR
şemî zaterdag — SA
TU
TH
SO
sêşem dinsdag
pêncşem donderdag
yêkşem zondag

duh

gisteren

îro

vandaag

sibey

morgen

sibe

de ochtend

nîvro

de middag

êvar

de avond

MO	TU	WE	TH	FR	SA	SU
1	2	3	4	5	6	7
8	9	10	11	12	13	14
15	16	17	18	19	20	21
22	23	24	25	26	27	28
29	30	31	1	2	3	4

rojên karê

de werkdagen

MO	TU	WE	TH	FR	SA	SU
1	2	3	4	5	6	7
8	9	10	11	12	13	14
15	16	17	18	19	20	21
22	23	24	25	26	27	28
29	30	31	1	2	3	4

dawiya hefte

het weekend

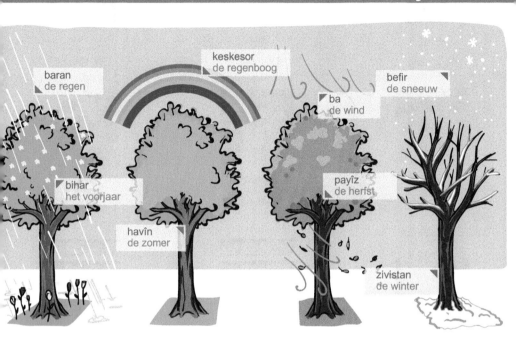

baran
de regen

keskesor
de regenboog

befir
de sneeuw

ba
de wind

bihar
het voorjaar

payîz
de herfst

havîn
de zomer

zivistan
de winter

pêşbîniya hewa

het weerbericht

tehnpîv

de thermometer

tav

de zonneschijn

hewr

de wolk

mij

de mist

hêmî

de luchtvochtigheid

birq

de bliksem

brûsk

de donder

tofan

de storm

terg

de hagel

mansûn

de moesson

lehî

de overstroming

cemed

het ijs

rêbendan

januari

reşeme

februari

newroz

maart

gulan

april

cozerdan

mei

pûşper

juni

gelawêj

juli

xermanan

augustus

rezber
....
september

kewçêr
....
oktober

sermawez
....
november

befranbar
....
december

çember
....
de cirkel

çarçik
....
het vierkant

çarqozî
....
de rechthoek

sêqozî
....
de driehoek

qada
....
de bol

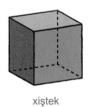

xiştek
....
de dobbelsteen

sipî

wit

zer

geel

pirteqalî

oranje

pembe

roze

sor

rood

mor

paars

şîn

blauw

kesik

groen

qehweyî

bruin

gewr

grijs

reş

zwart

zor / kêm

veel / weinig

bi hêrs / bêdeng

boos / vredig

bedew / nerind

mooi / lelijk

destpêk / dawî

begin / einde

mezin / biçûk

groot / klein

ronî / tarî

licht / donker

brak / xwişk

broer / zus

pagij / girêj

schoon / vies

tevî / netemam

volledig / onvolledig

roj / şev

dag/ nacht

mirî / zindî

dood / levend

fire / teng

breed / smal

xweş / nexweş

eetbaar / oneetbaar

nebaş / baş

gemeen / aardig

bi heyecan / aciz

opgewonden / verveeld

qelew / zirav

dik / dun

yekemîn / dawîn

eerste / laatste

heval / dijmin

vriend / vijand

tijî / vala

vol / leeg

req / nerm

hard / zacht

giran / sivik

zwaar / licht

birçî / tînî

honger / dorst

nexweş / sax

ziek / gezond

neqanûnî / qanûnî

illegaal / legaal

rewşenbîr / balûle

intelligent / dom

çep / rast

links / rechts

nêzî / dûr

dichtbij / ver

nû / bikarhatî

nieuw / gebruikt

hîç / tiştek

niets / iets

kal / ciwan

oud / jong

li / ji

aan / uit

vekirî / girtî

open / gesloten

aram / dengbilind

zacht / luid

dewlemend / reben

rijk / arm

rast / şaş

goed / fout

dirr / hilû

ruw / glad

xemgîn / şa

verdrietig / gelukkig

kurt / dirêj

kort / lang

hêdî / zû

langzaam / snel

şil / ziwa

nat / droog

germ / hênik

warm / koel

şerr / aşitî

oorlog / vrede

0

sifir

nul

1

yek

één

2

dû

twee

3

sê

drie

4

çar

vier

5

pênc

vijf

6

şeş

zes

7

heft

zeven

8

heşt

acht

9

neh

negen

10

deh

tien

11

yazde

elf

12

dazde

twaalf

13

sêzde

dertien

14

çarde

veertien

15

pazde

vijftien

16

şazde

zestien

17

hefde

zeventien

18

hejde

achttien

19

nozdeh

negentien

20

bîst

twintig

100

sed

honderd

1.000

hezar

duizend

1.000.000

milyon

miljoen

Inglîzî

Engels

Inglîziya Amerîkî

Amerikaans Engels

Çînî Mandarîn

Chinees Mandarijn

Hindî

Hindi

Îspanyolî

Spaans

Frensî

Frans

Erebî

Arabisch

Rûsî

Russisch

Portugalî

Portugees

Bengalî

Bengalees

Elmanî

Duits

Japonî

Japans

min
ik

tu
jij

ew / ev / ew
hij / zij / het

em
wij

tu
jullie

ew
zij

kî?
wie?

çi?
wat?

çawa?
hoe?

kû?
waar?

kengî?
wanneer?

nav
de naam

piştî

achter

li

in

pêşî

voor

ser

boven

ser

op

bin

onder

kêlek

naast

navber

tussen

cih

plaats